Tal

MAISONS ET VILLAGES BRETONS

Objet de moins d'études,
moins célèbre que ses vieilles églises, ses calvaires…,
l'habitat traditionnel demeure toutefois un facteur important
de l'originalité et de la beauté de la Bretagne. Contrairement à ce qui se passe en d'autres régions,
jamais la maison bretonne ne cherche à s'imposer au paysage, mais plutôt à s'harmoniser avec lui…
Sa robuste constitution lui a souvent permis de défier le temps.

Photographies : Daniel Mingant

ÉDITIONS OUEST-FRANCE
13, rue du Breil, Rennes

Les habitations traditionnelles

Ancien moulin en pierres de Logonn et de kersanton à L'Hôpital-Camfrou près de Brest (Finistère).

Diverses et néanmoins bretonnes

Comment pouvait-il en être autrement ? Donnez à ces têtus de Bretons des planches de chêne ou de châtaignier. Les autres en ont fait des lits ordinaires. Eux des lits clos, où luisent parfois les prunelles jaunes de gros clous de cuivre ! Vous leur confiez des blocs de granit et la Passion du Christ ? Voilà que surgit, à un carrefour, voire au bout d'une lande, toute une grandiose tragédie de pierre, dans laquelle arrive à se glisser quelque comparse cocasse.

Qu'il aborde la péninsule armoricaine par le sud ou par l'est, le touriste n'a guère besoin de lire les panneaux routiers : ces Temple-de-Bretagne, ces Montoir-de-Bretagne, ces Bain-de-Bretagne ; ces Dol ou La Guerche-de-Bretagne... sonnent comme des pléonasmes. Au ciel pommelé telle une belle croupe de poulinière, au glauque profond et impicturable de l'eau, il s'est déjà senti dans une province originale.

Si cela ne suffisait point, les vieilles maisons rurales seraient là pour le lui rappeler avec un pittoresque entêtement. Non

Parentes à la mode de chez nous

Il en est des maisons comme des coiffes de jadis ; à première vue, la mitre de dentelle de la Bigouden pouvait n'avoir aucun rapport avec le grand papillon blanc, qui déployait ses ailes ajourées sur la chevelure de la Lorientaise... N'empêche que le moins averti les qualifiait immédiatement – et sans erreur – de « bretonnes ».

Sa façade en « petit appareil » n'enlève rien à la discrète beau de cette maison de Guimiliau (Finistère).

Les linteaux des portes, comme ici à Ploéven et Rodilis (Finistère), jouent parfois le rôle de cartes d'identité.

qu'il y ait une construction type : la grande ferme en pisé du bassin de Rennes ne ressemble guère à la frimousse blanche sous son épaisse toque de roseaux de la Brière, en Loire-Atlantique ; la vieille vannetaise qui guigne cordialement le visiteur, à l'abri de sa visière de chaume, semble aux antipodes de l'altier manoir de granit qui, dans le Léon, la Cornouaille ou le Trégor, vous toise du haut de sa tourelle... Et pourtant...

Porte de la chaumière Men Zao à Kerlin en Trégunc. Les « pierres debout » sont caractéristiques de cette région du Finistère.

Un peu d'état civil

Pour connaître l'âge d'un cheval, on en examine les dents. Dans le cas de ces fermes grises, nichées au milieu de bouquets d'arbres, dans l'Argoat ; de ces maisonnettes de pêcheurs, tapies au pied d'une dune de l'Armor, tels des turbots sur un fond sableux, levez donc les yeux vers le linteau de la porte. Aussi bien il n'est pas très haut. Avec un peu de chance, vous y découvrirez, gravée, une date. Témoignages d'époques où le mensonge était péché mortel et la monnaie non dévaluée, vous pouvez accepter, avec autant de confiance que des louis d'or, ces dix-neuf cent..., dix-huit cent..., dix-sept cent et quelques... De plus rares XVIe et XVe. Cela remonte donc du début de notre siècle à la Renaissance.

Et auparavant ? Leurs aïeules du Moyen Age, par exemple ? Rien. Le paysan se logeait, bien sûr ; mais sa misérable chaumine, de bois et de torchis sans doute – si l'on s'en réfère aux rares survivantes des ruelles de certaines vieilles villes, à l'abri de leurs remparts – n'a pas survécu aux coups de chien, aux incendies, aux guerres. Le contraire, du reste, constituerait un drôle de miracle, lorsque maints châteaux – dits forts, avec leurs murs de plusieurs mètres d'épaisseur – ne présentent plus, aujourd'hui, que des chicots de pierre.

A l'intérieur des limites précédentes, une grande prudence du reste s'impose : telle façade qui, de prime abord, pourrait avoir enchanté le regard de madame de Sévigné, produit, au-dessus de sa porte, un 1910 précis comme une page de registre paroissial. Le même phénomène que pour les statues ou les calvaires tend à se répéter : les maisons rurales font souvent plus que

Une technique éprouvée

Pendant des siècles, les modes de construction rurale n'ont guère varié. Le maçon rescapé des tranchées de la guerre 14-18, refaisait les gestes, employait en gros la technique de son aïeul, qui avait peut-être vu le campement bariolé des Cosaques sur les Champs-Élysées. Et les tours de main de ce dernier ne devaient guère différer de ceux du lointain compagnon, bien capable, gast ! d'avoir dit son mot dans la discussion du fameux Code paysan de 1675. A l'unique *pennti* originel, l'ancien poilu adjoignait simplement, avec la lente montée du niveau de vie, davantage de « crèches »... Il faudra attendre la seconde guerre mondiale, la prolifération des parpaings, le flux irréversible des coûts de main-d'œuvre, pour assister à une fâcheuse mutation de la construction.

leur âge. C'est que leurs matériaux : granit, grès, schistes... sont des esquilles de l'ossature même de la Bretagne, tout comme l'argile du bassin de Rennes s'avère une partie de sa chair. Ces os et cette chair-là ne se sont pas développés à la vitesse des veaux en batteries. Bien avant les hommes qu'ils existaient !

Chacune chez soi

Bien sûr, au bord de la Manche ou de l'Atlantique, nécessité faisait loi : les vents de force 10, durant les « mois noirs », sont loin d'être des caresses de jeunes filles ! Il aurait fallu être folles pour ne pas s'épauler aux pignons des voisines, comme des copines qui se tiennent solidement le bras sous les bourrasques ; pour ne pas s'abriter un tantinet derrière d'autres façades. Et puis, beaucoup d'hommes étaient marins, à la pêche ou à la Royale. Sur un bateau, on n'est pas isolé ; en équipe qu'on travaille,

Ancienne demeu de pêcheur à Kerlouan (Finistère), sur les côtes de la Manche.

Bâtiments « gigognes » aux environs de Corseul (Côtes-d'Armor).

Détails d'un puits sculpté à Landeleau, au cœur du Finistère.

par mer d'huile comme par tempête. Normal donc que la plupart des maisons côtières, elles aussi, se serrent – si l'on peut dire – les coudes.

Mais dès qu'on gagne l'Argoat, chacune chez soi. La ferme bien souvent surgissait, isolée, au bout d'un chemin creux qui témoignait d'une profonde aversion pour la ligne droite. Il musardait entre deux talus plantés d'ajoncs, de genêts, de noisetiers sauvages ou autres arbustes. Le premier voisin ? Cent mètres ou plus. Ce que les géographes, qui ne veulent rien à voir avec la poésie, désignent sous la sèche expression d'« habitat dispersé ».

Cet isolement pouvait s'expliquer par la mosaïque fantasque des champs : un bout de luzerne ici, un carré de betteraves plus loin, parmi les terres d'un compère ; quelques journaux de blé ailleurs, un champ de patates au diable vauvert... Tous soigneusement enclos de talus et de barrières.

Nul problème d'eau. Si une fontaine ne coulait point sur place, le puits, Dieu merci, ne coûtait pas les yeux de la tête, comme en pays calcaires. Vous creusiez quelques mètres et bien malchanceux si vous ne tombiez sur une nappe têtue, qui, même les étés les plus secs – ça arrive aussi en Bretagne –, ne laissait jamais hommes ni bêtes souffrir de pépie.

Vous me direz que des conditions similaires, en d'autres régions, n'ont point abouti à une aussi farouche dispersion. Faut-il y voir, en outre, une conséquence du tempérament breton ? A certaines heures amoureux de la solitude. Il existe des gestes – sûr ! – qu'on ne peut faire au vu et au su d'autrui ; des écheveaux de réflexions qu'on ne peut débrouiller qu'à l'abri de tous regards, y compris de compatriotes. Au fond, les lits clos ne traduisaient-ils pas le même besoin ? Mais attention, chacun chez soi ne signifie ni sauvagerie ni égoïsme. Vous avez compté les voisins, relations, cousins et cousines à la mode de Bretagne, autrefois, les jours de battage ? Et le travail fini, tout le monde au « fricot » ! Pendant les « mois noirs », les veillées chez les uns, puis les autres, n'étaient pas non plus synonymes de mélancolie.

Les vieilles femmes de l'Argoat

De nos jours, les vieilles fermes de l'Argoat se tiennent encore dignement à l'écart. Même si le remembrement a souvent détruit le patchwork bigarré des parcelles, regroupé les terres autour des bâtiments. Les poétiques chemins creux ne sont plus qu'un souvenir. Les « bulls » et autres mastodontes modernes ont arasé les talus, arraché la plupart des haies et des arbres, dont certains ne gênaient personne. Aplani, rectifié, goudronné, l'ex-chemin creux s'est mis à singer les nationales.

[T]oit de chaume de [ty]pe morbihannais au hameau de Kerascouët, [co]mmune de Névez (Finistère sud).

Une apparente modestie

Contre vents et marées

Que les vieilles maisons de France et d'ailleurs aient dû, au long des siècles, ruser avec les humeurs du climat, ne surprendra personne. Je vous vois sourire. Constructions bretonnes ? Avouez que vous avez pensé pluie. Les clichés ont la vie coriace. Certes, il pleut en Bretagne. Mais pas plus, en fin de compte, que sur le Pays basque, en Normandie ou en Flandre. En revanche, les vents, d'accord ; c'est un peu notre spécialité comme les chapeaux ronds et les binious. Depuis les mignonnes caresses de plumeaux, qui époussettent les arbres, comme s'il s'agissait de bibelots fragiles, jusqu'aux bourrasques capables de vous expédier par le fond les navires les plus costauds de Paimpol ou de Guilvinec. La langue bretonne, d'ailleurs, n'a pas fourni à sa consœur que le verbe « baragouiner » (de *bara* : pain et *gwin* : vin). Ouvrez un dictionnaire. Vous y lirez le nom de « galerne : vent du nord-ouest, avec de fortes rafales... ». Si vous êtes curieux, vous découvrirez qu'il provient du celtique *gwalarn*. Contre un *gwalarn*, qui se soucie comme d'une bernique de faire cinq veuves de marins et le double d'orphelins d'un seul coup, les habitations n'ont pas intérêt à faire les malignes. Au cours de ses crises de rage, les plus lourdes ardoises, voire des toitures entières,

Chaumière moderne au Reu[...] en Treffiagat (Finistère).

Il ne faut pas fai[re] les orgueilleuses avec les vents à la pointe de la Torche, prè[s] de Saint-Guénol[é] (Finistère).

Le lichen met une ouche de fantaisie sur le granit de ce mur de « crèche » à Plouarzel (Finistère).

▷△ Pierre de Logonna (microdiorite à quartzite pour les géologues) à la carrière du Roz, commune de Logonna-aoulas (Finistère).

s'envolent comme mouettes.

Aussi, les maisons traditionnelles sont-elles généralement basses, en longueur (le contraire de mainte villa m'as-tu-vu actuelle). Pas d'étage, mais un simple grenier. Parfois en outre, blotties à l'abri d'un repli de terrain, au fond d'un vallon. Ceinturées d'arbres. Il faut parvenir dans des zones plus clémentes, tels le bassin de Rennes ou la région de Vannes, pour qu'elles écarquillent de vraies fenêtres au-dessus du paysage. Elles possèdent la sagesse instinctive du bétail, qui s'abrite derrière les haies et tourne le dos aux bourrasques pluvieuses. Si possible, pas une ouverture au nord ni à l'ouest, rien que de robustes murs pleins. Porte et petites fenêtres sourient, timidement, au sud.

▷ Réfection 'un toit de chaume à Port-Launay (Finistère).

Quels matériaux !

Longtemps, la médiocrité des voies de communications, l'archaïsme, la lenteur des modes de transport ont partout contraint les populations locales à se contenter, pour leur habitat, des matériaux qu'elles possédaient sous la main : calcaires, même poreux et gélifs, de certaines plaines françaises ; piètre terre glaise des marais... Pas question de faire les difficiles. La Bretagne, sur ce point, n'a pas été mal lotie. Le granit, un malcommode à débiter et à tailler, d'accord. Mais ensuite, quelle pierre de construction !

Bottes de chaume ɔour cette toiture.

▷ Trilobite fossile sur une ardoise de Trélazé.

▷ Vieilles ardoises et lignolet décoré d'animaux sur « Maison Cornec » à Saint-Rivoal (Finistère).

ɔir la photo pages 16-17.

◁◁ ***Façade en « grand appareil » à Locronan (Finistère).***

◁ ***Église en pierre de kersanton à L'Hôpital-Camfro[ut] (Finistère).***

Dépendance en « petit apparei[l] » à Tréfumel (Côtes-d'Armor).

Ancien presbytèr[e] de la chapelle de Broënnou à Landéda (Finistèr[e]).

Ne craignant ni humidité, ni salpêtre, ni galernes, ni siècles. Du granit, elle en possède à revendre : sur tout le pourtour de la péninsule, dans les monts d'Arrée... Du gris, du bleuté, du rose – eh oui ! – à Ploumanac'h-Trébeurden. Que le géologue nous pardonne : son œil averti distinguera dans le tas quelques moellons de pegmatite, de granulite, de grès, de quartzite, voire de gneiss. Ne sont-ce pas néanmoins rudes cousins germains ? Le Trégor comme le Léon, la Cornouaille comme le Vannetais présentent ainsi au visiteur la discrète noblesse de leurs murs en pierres apparentes. Ces dernières s'alignent vaille que vaille, vieilles individualistes, en assises horizontales. Comme chez les *mamm-gozh*, pardon ! les grands-mères, voici des obèses, des menues, des droites, des biscornues... Pour peu que les joints, au mortier de chaux ou de ciment, aient en outre été blanchis, vous avez un résultat d'une solide fantaisie, aux antipodes de la froideur géométrique des parpaings et des briques. Car attention ! pas confondre : trois fois épais comme les murs actuels. Centenaires et plus, pas bougé. Attendez voir pour les parpaings !

Les blocs de granit quadrangulaires, taillés avec soin, sont réservés aux linteaux et aux pieds-droits, ainsi qu'aux chaînes d'encoignures : toujours en grand appareil, selon l'expression des architectes. Alors que les maçons, avec leur rustique et candide maîtrise, construisaient le reste en « petit appareil », un peu comme M. Jourdain faisait de la prose sans le savoir.

Naturellement, les demeures des riches : gros fermiers, nobles, bourgeois, gens qui

peuvent se mettre sur leur trente et un les jours de semaine, se présentent tout entières en bel appareil.

Sur le littoral finistérien et morbihannais, dans la Brière et la région nantaise, les murs se parent d'un crépi badigeonné au lait de chaux. Cependant les encadrements des ouvertures et les angles de la plupart des maisons côtières continuent d'y arborer leur régulière et sainte denture de granit.

Au sud du bassin de Rennes, dans les monts d'Arrée, le granit fait place au schiste sombre qui, aussi imperméable, se délite facilement. Toutefois, inébranlable sous les plus lourdes charges, celui-là conserve sa suprématie dans les linteaux.

Moins favorisé, le cœur du bassin rennais n'offrait jadis aux maçons que son argile couleur d'uniformes de poilus.

Des mariages heureux

Ouvrez n'importe quel ouvrage sur les maisons bretonnes. Impossible d'échapper aux œillades du mot « harmonie » : « ... harmonie des formes et des teintes avec le paysage... ».

N'est-elle pas pittoresque, en effet, cette ferme, comme cette maisonnette de pêcheur ? Oh ! pas d'une beauté racoleuse ni factice. Nul besoin de peintures à lèvres, de fards ni de faux cils. Elle reste dans le naturel, le sain, la discrétion, presque la timidité.

La petite bretonne a épousé le paysage. Si vous avez la malchance d'habiter un grand ensemble ou un banal pavillon de banlieue et que vous veniez, par-dessus le marché, de croiser ces espèces de catins de villas, qu'on lui impose aujourd'hui et qui sont bien dans le style tape-à-l'œil de l'époque, vous serez peut-être jaloux d'un couple aussi bien assorti. En l'occurrence, la mariée demeure d'une touchante modestie. Pour un peu, elle demanderait pardon au voyeur qui la guigne d'une autopromue, dans une douzaine d'années, à la rouille et à la ferraille.

Le ciel, la mer, les landes, les bois, les champs, les lichens, les mousses, toutes les pluies et tous les vents ont accepté leur bretonne. Ils ont répondu un oui définitif à sa douce demande. Les plus prévenus sont obligés de reconnaître qu'il s'agit d'une

Manoir de Brescanvel Brélès (Finistère).

A l'origine, des capuchons de chaume

Qu'elles fussent de Haute ou de Basse-Bretagne, de paysans ou de pêcheurs, pendant des siècles toutes ces maisons se sont coiffées de chaume. Dans leurs minces cubes de vitres et de béton, les citadins modernes ont conservé une certaine nostalgie de ce matériau, synonyme de poésie et de chaleur humaine. Plus épaisses que toisons de mérinos, pour empêcher toute infiltration de pluie, les légères toitures avaient en outre l'appréciable avantage de fournir à la maison tiédeur l'hiver et fraîcheur l'été. Bien sûr, rien n'est parfait : elles demandaient un drôle d'entretien et, en cas d'incendie, quelle bâfrerie sous les dents des flammes ! Aussi ont-elles peu à peu cédé la place aux ardoises, abondantes dans la péninsule. D'abord épaisses comme des dalles, clouées à la chanlatte (avec, dessous, une charpente qui nous laisse bouche bée). Puis aux ardoises dites « mécaniques », tenues aux voliges par des crochets. Au fil des années, du reste, celles-ci tendent vers la minceur des écailles de dorades.

Aujourd'hui, rares sont les chaumières authentiques dans le Finistère, l'Ille-et-Vilaine ou les Côtes-d'Armor. Ne parlons point de ces néo-chaumières que vous rencontrerez ici ou là, avec leurs taupés de courte paille ignifugée, conformes aux ukases des compagnies d'assurance. Le plus myope les décèle au premier coup d'œil. Paradoxalement d'ailleurs, elles supposent désormais un maousse compte bancaire. Non ! Pour un vrai safari-chaumière, il faut sillonner le Morbihan,. Aux alentours de Locmariaquer, à Crac'h, à Saint-Nicolas-des-Eaux, à Lanvaudan, à Poul-Fetan en Quistinic, à Saint-Dégan... votre appareil photo ne sera pas déçu. Pas plus que dans la Brière, cette région marécageuse de Loire-Atlantique.

union marquée du sceau d'un bonheur têtu. Unis par la grâce de tous les saints celtiques et le travail des artisans d'autrefois, pas plus question de divorce que pour l'église. C'est que les maçons, les charpentiers, les couvreurs... qui ont servi de *bazhvalaned* – d'intermédiaires obligatoires –, n'ont point lésiné sur leur temps, leurs efforts et leurs tours de main. Du robuste, du durable et de l'heureux, qu'ils voulaient ; pas du bâclé. Ils ignoraient les prétentieuses prothèses touristiques. Ainsi que Dieu créa la femme à partir d'une côte d'Adam, ils ont bâti leurs maisons à partir du squelette du pays, avec des fragments de ses granits, de ses schistes ardoisiers, de ses argiles... Et comme dans la Bible, le paysage armoricain chantonne à son tour avec tendresse : « Celle-ci est l'os de mes os et la chair de ma chair ! »

Chaumière morbihannaise type à Poul-Fétan en Quistinic (Morbihan).

Vieilles maisons rénovées au hameau de Kérascouët en Névez (Finistèr[e]). La proximité du Morbihan a influé sur la form[e] des toitures.

Cousines à la mode de Bretagne

Des murs pignons robustes

Parmi les mariées, vous distinguez des brunes, des blondes, des pâles, des petites, des nez aquilins, des en trompette, des lèvres minces... ? Diversité identique dans l'habitat : murs blancs, murs gris, étage ou pas, portes cintrées, linteaux droits, escaliers extérieurs, échelles de bois... N'empêche que la plupart possèdent un certain nombre de caractères de famille. D'abord, à l'image de beaucoup de Bretons d'autrefois, les maisons traditionnelles sont généralement râblées, à cause du vent et de la pluie. Pour cette raison, elles tâchent de présenter à l'ouest un mur pignon robuste, sans la moindre ouverture. Quelle que soit d'ailleurs l'orientation, ces deux murs pignons aveugles demeurent un élément congénital de la maison bretonne. Construits dans le même appareil que les façades, ils sont « couronnés » d'une cheminée trapue. En réalité, cette cheminée en pierre, toujours ceinte d'un bandeau, prolonge essentiellement l'axe du mur pignon, comme une tête faite des mêmes os et de la même chair surmonte avec noblesse un corps vigoureux.

Mur pignon avec rampant surélevé de la maison finistérienne. Dessin exécuté en couleurs par Pierre-André Cousin.

Une partie des ardoises se trouve souvent dissimulée par le rebord supérieur du pignon. Des spécialistes en ont fait une caractéristique de la maison dite finistérienne, qu'ils opposent à la morbihannaise. On trouve néanmoins de ces murs pignons exhaussés autour du golfe du

Rampants surélevés à Porspoder (Finistère).

Ici, à Tréfumel (Côtes-d'Armor), les ardoises cachent le rampant.

Morbihan par exemple ; alors qu'ici et là, dans le Finistère, le toit recouvre les rampants. En fait, je crois que l'explication réside dans la présence ou non de vents violents. Lorsque le chaume était de règle, dans les zones exposées à la hargne des tempêtes, l'un des buts des murs pignons était de maintenir solidement cette couverture légère entre deux murets de pierre, de l'empêcher de s'envoler. L'épais capuchon de chaume détrôné par l'ardoise plus mince, il en est résulté une dénivellation. Ce rôle protecteur entraînait une construction fignolée. Le reste du mur pignon est-il en petit appareil ? Les rampants, eux, toujours en blocs taillés et agencés avec autant de soin que les jam-

Cheminée en pier avec bandeau couronnant une chaumière de Tréguennec (Finistère).

◁◁ *Cette chemin de Tréfumel donnait aussi une idée du rang social du propriétaire.*

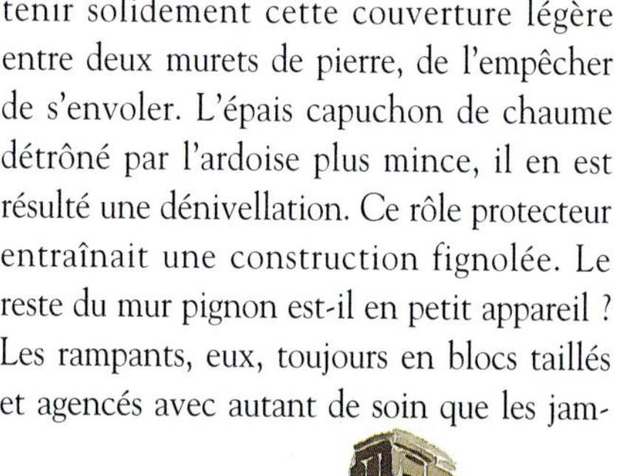

Rampant couvert de la maison morbihannaise type.
Dessin exécuté en couleurs par Pierre-André Cousin.

bages et les chaînes d'encoignures. Leurs bases se parachèvent en crossettes, parfois sculptées. Ces élégants appendices servent à la fois d'amortissements inférieurs aux rampants et de butées aux corniches des façades.

Toque de chaume ou suroît bleuté d'ardoise, le toit est toujours à forte pente, à cause des pluies. Chéneaux et gouttières étant inconnus, une courte visière protège la façade – et douche éventuellement le visiteur.

Économes d'ouvertures

Durant les « mois noirs », la maison semble courber les épaules sous les averses et les rafales. Pignons et arrière présentent des murs aveugles. Seule la façade principale vous lorgne de ses parcimonieuses ouvertures (les grandes baies vitrées ? Bonnes pour les châteaux). Souvent en outre, lorsqu'il ne s'agit point de demeures cossues, fâchées avec la symétrie : la porte pas forcément au milieu ; une fenêtre d'un côté, une seconde de l'autre (si l'on n'est pas trop pauvre), pas toujours de même taille. Un peu comme un visage malicieux qui vous cligne de l'œil. Une lucarne à l'aplomb de la fenêtre, rarement de la porte, ou entre les deux. De quoi

Modeste fenêtre de pêcheur à Ménéham, commune de Kerlouan (Finistère).

▷▷ À l'île d'Ouessant (Finistère), les vents et les pluies d'automne et d'hiver ne permettent pas de grandes ouvertures.

Au centre : ***élégante accolade sculptée au linteau d'une fenêtre à Poul-Fétan en Quistinic (Morbihan).***

Petite ouverture en plein cintre d'une chaumière de Tréguennec (Finistère).

▷▷ Pas de volets, mais un solide encadrement en granit à cette fenêtre traditionnelle de Plonéour-Lanvern (Finistère).

y perdre son français cartésien. A la saison, chez les agriculteurs, la lucarne bâfre les grosses fourchées de foin, brandies à bout de bras. Et elle a un sacré appétit, car la panse du grenier est vaste. Elle se coiffe avec coquetterie, tantôt d'un fronton triangulaire d'ardoises, qui veut jouer au clocher miniature, tantôt d'une calotte qui rappelle un peu celle de Monsieur le Recteur. Mais c'est dans les demeures bourgeoises et les manoirs que ces frontons déploient toute leur fantaisie, s'enroulant en volutes de pierre, se creusant en vastes coquilles Saint-Jacques... A l'opposé, sur la côte, le petit grenier du marin, avec ses maigres réserves d'oignons, de patates, de carottes... du jardinet, ses quelques engins de pêche, se contente d'une simple tabatière.

Redescendons au rez-de-chaussée. Des volets ? des persiennes ? Pour que faire ? Les voisins éventuels n'étaient ni des voyeurs ni des bavards. Ce qui ne signifiait pas non plus le règne, malheureusement aboli, d'une paix paradisiaque. Si vous estimez que l'insécurité est le triste apanage de l'époque actuelle, empoignez donc les barreaux de fer rouillés, qui protègent encore certaines vieilles fenêtres. Allez-y ! N'ayez pas peur de secouer. Vous m'écrirez s'il s'agit de toc et d'enjolivure.

A de rares exceptions près, leurs linteaux sont droits. En revanche, quelle variété chez ceux des portes ! Voici le monolithe en granit, plus rigide que les dix commandements. Ailleurs, trois longs pavés sur chant

▽ ***Linteau et jambages plein[s] de fantaisie à l'ancien presbytèr[e] de la chapelle de Broënnou en Landéda (Finistère[)]***

◁ ***Lucarne à fronton du XVIIe siècle dans un manoir d[e] Logonna-Daoulas (Finistère).***

Cette triple baie surmontée d'une longue accolade ouvragée témoignait de la prospérité agricole et maritime de Roscoff (Finistère[)]

Pages suivantes : ***Grand four à pain et ancienn[e] ferme Cornec, aujourd'hui écomusée des Monts-d'Arrée, à Saint-Rivoal, dans le parc régional d'Armorique.***

Linteaux. Dessin exécuté en couleurs par Pierre-André Cousin.

Porte en plein cintre.

Plein cintre avec clé centrale en T.

Porte à linteau droit.

◁ ***Fenêtre fleurie dans une demeure ancienne de Plouarzel (Finistère).***

▷ ***Jolie petite baie à meneau dans une maison de Goulven (Finistère).***

dont le central forme clé, dessinent l'arc en plein cintre d'une chapelle romane, s'il vous plaît. La clé en coin grandit parfois, pour devenir un T de pierre. Plus loin, le plein cintre s'aplatit un tantinet en « anse de panier » (n'allez pas croire que c'est à cause de la charge trop lourde !). A moins que, pris d'une coûteuse fantaisie, il ne s'allonge en élégante accolade. Tout cela susceptible de se tarabiscoter encore de moulures, jusqu'à la base des pieds-droits.

Le maçon, avons-nous dit, gravait assez souvent dans le linteau la date de la construction. Il arrivait au propriétaire d'y faire ajouter ses propres initiales. Voire, plus faraud, son nom entier. Une croix ou tout autre motif religieux, qui pouvait se répéter sur les façades des lits clos, sollicitait, pour la maison et ses habitants, la protection du Très-Haut.

Attention en entrant ! Si vous êtes long comme un dimanche sans télé, baissez la tête : vous risqueriez de heurter le linteau. D'autant plus que le seuil se rehausse, rapport au ruissellement des pluies. Devant la marche, une dalle en granit ou en schiste, en guise de paillasson ; pareil de l'autre côté. Autant de boue et d'humidité en moins. Aucune ménagère, même bretonne, n'a jamais aimé ça.

Une certaine anatomie interne

Du sol au grenier

Le parquet ? A l'origine, de la simple terre battue (cf. *Le Cheval d'orgueil*, de Pierre Jakez Hélias). Dès le début du siècle, celle-ci a commencé à céder la place au ciment ; lui-même à son tour détrôné par le carrelage. Anjela Duval, la cultivatrice-poète du Vieux-Marché, dans les Côtes-d'Armor, doit être l'une des seules à être restée fidèle jusqu'à sa mort, en 1981, à la terre battue de ses ancêtres.

Au-dessus des têtes, sur toute la longueur de la maison, règne le grenier. Réserve de fourrage et de grain du paysan.

La salle, d'abord unique, sera peu à peu, vaille que vaille, divisée par une rangée de meubles. Puis, aux alentours de la Grande Guerre, par une cloison en bois, *ar speurenn*. Du côté de la fenêtre la moins exiguë, le séjour des hommes, avec une vaste cheminée. De l'autre, celui des animaux avec éventuellement la seconde cheminée, où se cuisait en particulier le « manger aux cochons ».

Plus tard, la *speurenn* voit naître une sœur, également en bois, délimitant un couloir, *an alez*. Au fond, une échelle ou un escalier grimpait dare-dare au grenier (sauf dans les maisons morbihannaises). Saoul, il valait mieux éviter l'une comme l'autre, si l'on tenait à ses os. La salle commune pouvait posséder encore un ou deux lits clos. Mais la seconde pièce servait désormais avant tout de chambre à coucher. Les animaux ne logeaient plus sous le même toit : exilés dans des bâtiments distincts.

L'habitation du pêcheur reproduit ce plan, en plus exigu. Et les annexes, bien sûr, sont souvent réduites à un minuscule appentis, collé au pignon de la maison, comme un ormeau à son rocher.

▽ ***Ces portes voûtées et cet escalier du XVIe siècle en granit confèrent du mystère et une certaine noblesse à ce café, autrefois relais de poste, dans le bourg de Bodilis (Finistère).***

◁ ***Intérieur d'une maison de meunier entre Sizun et Commana (Finistère). Les moulins de Kéroua font aujourd'hui partie de l'écomusée des Monts-d'Arrée.***

Mobilier traditionnel à l'écomusée de l'île d'Ouessant (Finistère).

Les dépendances

Crèches

A l'habitation principale, le *pennti* de l'*homo brezhonek* – pardon ! *armoricus* – et de sa multiple progéniture, se sont donc progressivement ajoutées un certain nombre de dépendances. On voit ainsi apparaître la « crèche aux vaches » (ou étable, si vous préférez le bon français), la « crèche aux cochons », l'écurie… Sans compter les remises pour les charrettes et autre matériel. Dépendances dont le cossu est proportionnel à la grosseur du bonnet – ou du chapeau – du propriétaire.

Tantôt ces rajouts s'allongent de part et d'autre du *pennti*, pignon à pignon, sans souci de dimensions ni de symétrie. Construits selon les rentrées d'argent et le relief du terrain. L'ensemble fait songer aux membres d'une famille, posant sur une seule ligne pour la traditionnelle photo, le père à peu près au milieu, et le reste à gauche, à droite, à la va comme ça se trouve.

Tantôt finie la fantaisie ! Alignés par rang de taille décroissante : le *pennti* à un bout, les autres à la queue leu leu. Chaque toiture un peu plus basse que la précédente. Telles ces tables gigognes, qui se déboîtent les unes des autres.

Cours et puits

Ailleurs, les bâtiments peuvent enclore une cour. La maison d'habitation au fond, face à la barrière, les dépendances de chaque côté, dessinant une espèce de fer à cheval. D'autant plus vaste et régu-

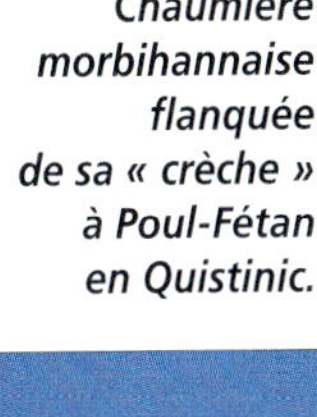

Chaumière morbihannaise flanquée de sa « crèche » à Poul-Fétan en Quistinic.

◁◁ ***Puits devenu un élément décoratif dans un parc de Ploërdut (Morbihan).***

◁ ***À Camors (Morbihan), les propriétaires de ce puits sculpté ne devaient pas être les premiers venus.***

lier que l'exploitation est conséquente. Dans les grosses fermes et les manoirs, les deux allant souvent de pair, la simple barrière en bois se mue en porche monumental. La maison d'habitation à étage se flanque alors d'une tourelle, qui toise le visiteur. Cette dernière pouvait, du reste, faire office de fuie. A moins que les pigeons n'aillent nicher dans des sortes de minuscules sabords, creusés en haut de la façade.

Autre puits, plus commun, aux environs de Saint-Jean-du-Doigt (Finistère) ; il a en partie conservé sa fonction originelle.

Dans la cour, ou en tout cas proche de la ferme, quelle qu'en soit la disposition, s'aperçoit généralement un puits – auquel s'accotait une auge en granit pour le bétail. Son seul aspect donnait une idée de la position sociale du propriétaire. Lorsque le treuil s'abritait sous un véritable toit de pierre en miniature, soutenu par deux piliers sculptés, attention ! Si vous guigniez la demoiselle du lieu, mieux valait présenter un teint et le reste couleur d'écus.

Alentour, le pailler et la réserve de bois faisaient le gros dos.

Saint Cornély et saint Hervé, merci ! Le tas de fumier qui se carrait devant les portes des crèches et arrachait une moue aux Parisiens a été banni en un coin plus discret.

La finistérienne

Tant pis pour vous ! Rien à voir donc avec les femmes. Dans le domaine de la construction aussi, les spécialistes, qui adorent les classifications, distinguent essentiellement la maison finistérienne de la morbihannaise.

Pour certains, la finistérienne se caractérise, répétons-le, par ses murs pignons surélevés, couronnés par une cheminée axiale. Le bas des rampants pointe en crossette au-dessus de la chaîne d'encoignure. En fait, dans les presqu'îles de Rhuys ou de Quiberon, à Saint-Cado et autres régions typiquement morbihannaises, vous découvrirez de ces nez-crossettes, avec des toits d'ardoises corsetés entre les murs pignons.

Toutefois, la finistérienne offre toujours des lignes plus droites, un visage plus rigide, voire un peu sévère. Dans le couloir, une échelle ou un escalier permettent de grimper au grenier. Lors des battages, les épaules et les dos les plus costauds y coltinaient les sacs de grain. La ou les lucarnes ne servaient qu'à l'éclairage et au foin. Les charrettes stoppaient juste au-dessous, dans la cour. Et hardi les fourches et les biceps !

Le grand puits public de la place de Locronan (Finistère).

Ne croyez pas que ce type de maison se cantonne d'ailleurs au seul département du Finistère. On le retrouve largement dans les Côtes-d'Armor ; la trégorroise, pour ne citer qu'elle, s'avère en réalité une finistérienne. Que le touriste tâche une fois de plus de ne pas y perdre son français ; car pour son breton, je suis tranquille : il ne risque rien.

La maison finistérienne. Dessin exécuté en couleurs par Pierre-André Cousin d'après croquis de l'auteur.

La morbihannaise

A la finistérienne, les spécialistes opposent ainsi la morbihannaise. Elle possède encore des murs pignons. Mais ils ne servent plus comme de minerves au toit. Celui-ci déborde sur les rampants, qu'il cache. A l'intérieur des terres en effet, au fond du golfe du Morbihan ou de l'estuaire de la Vilaine, les colères des vents d'ouest sont moins célèbres et terribles qu'à *Penn-ar-Bed*, la « Tête du Monde » que vous appelez, vous, au contraire le Finistère. Ces toits débordants possèdent un avantage contre la pluie : pas de problème délicat de joint, surtout lorsqu'on a affaire au chaume. Les vieilles maisons du Morbihan, dans les régions de Locmariaquer, de Vannes, d'Auray, d'Hennebont, du Faouët... ont gardé une certaine fidélité à leurs larges capuchons de chaume. Ils ondulent encore avec grâce au-dessus des lucarnes. Pour peu que l'exploitation soit toute en longueur, on a l'impression d'une houle sereine.

Seule la lucarne permet d'accéder au grenier. Plus d'escalier intérieur en bois. Les imposantes marches de granit, que des générations de sabots ont polies, sont plus solidement accolées à la façade qu'une colonie de vieilles berniques à leur falaise. Pas de rampe ni de balustrade : un Breton, gast ! même terrien, était d'aplomb sur ses jambes. Et s'il ahanait sous une charge, il avait la ressource de rattraper un bout d'haleine sur les larges dalles de pierre qui, devant la porte-lucarne, font toujours office de palier.

Vieil escalier traditionnel au manoir de Kerfandol, en Ploërdut.

La maison morbihannaise.
Dessin exécuté en couleurs par Pierre-André Cousin d'après croquis de l'auteur.

Une cousine germaine de la morbihannaise : la briéronne. Une plus lointaine : la nantaise

Au sud-ouest du Morbihan, avant d'atteindre l'estuaire de la Loire, s'étend une région marécageuse originale : la Brière. La maison briéronne type ne peut nier sa parenté avec la morbihannaise. Particulièrement bien conservée ou restaurée dans l'île de Fédrun, devenu le centre administratif du Parc régional, elle demeure de dimensions plus modestes que certaines de ses cousines. Sa pittoresque chevelure de chaume se bichonne encore d'un cran au-dessus de la lucarne ; mais la paille de seigle ou de blé s'est muée en « rouches », roseaux du marais. Plus d'escalier extérieur. Les pierres de la petite façade se fardent avec coquetterie d'un crépi au lait de chaux.

Lorsqu'on quitte la Brière, à mesure qu'on approche de Nantes, la parenté se fait de plus en plus discrète. L'ardoise reprend ses droits. Le cousinage ne se marque plus guère que par la modeste échelle qui, à demeure contre la façade, permet de se hisser au grenier.

Longue houle de chaume sur une ancienne ferme de Poul-Fétan en Quistinic.

Nichée dans la verdure au bord de l'eau, cette chaumière a su garder les caractères de la maison briéronne (Loire-Atlantique).
Photo Marc Chauvin.

Une grande dame en pisé : la ferme rennaise

Remontons vers la Manche. Les schistes du nord de la Loire-Atlantique (Châteaubriant, Nozay, Derval...) et du sud de l'Ille-et-Vilaine (telle la région de Redon) retrouvent peu à peu, vers le cœur du bassin de Rennes, leur consistance argileuse originelle. Pendant des siècles, cette argile y a fourni le matériau essentiel des maisons rurales. Malaxée avec de la paille, de la balle d'avoine, elle a donné les murs de pisé kaki, que vous rencontrerez autour de la capitale bretonne. A cette distance de la mer, les vents se font moins agressifs, le sol y est traditionnellement plus fertile, les exploitations plus riches que dans l'Argoat. La ferme, par suite, peut prendre de la hauteur et s'enorgueillir d'un étage habitable et de nombreuses ouvertures. La pierre étant rare, les linteaux sont en chêne.

Bien sûr, ce type de maison ne présente point la robustesse granitique de ses consœurs de Basse-Bretagne. Aussi beaucoup sont-elles aujourd'hui disparues ou en ruines. Depuis quelques années toutefois, un louable et timide effort de restauration a été entrepris par des amoureux opiniâtres.

Les cheminées aussi pouvaient faire les faraudes, comme ici, à Saint-Juvat (Côtes-d'Armor).

Vieille façade en pisé, avec linteaux en bois, à Saint-Juvat, à la limite du bassin rennais.

▷ Sur les rive[s] de l'aber Ildu[t] dans le Nor[d-] Finistère, le bour[g] de Lanildut jou[it] d'une vue superb[e]

Les villages

Des plou..., des gui..., des tré..., des lan..., des loc... à profusion

Rue Voen à Priziac (Morbihan).

▽▷ La pompe à bras qui, la première, détrôna le puits, est toujours en service chez ce cultivateur de Trézien, commune de Plouarzel (Finistère).

Trois fermes, quatre fermes... En d'autres régions, voilà un hameau ; pour nous un village ! Ajoutez une église, quelques ateliers d'artisans, quelques commerces... : vous obtenez un bourg. Exagération ? Le Breton serait plutôt du genre modeste. Tout le monde connaît ailleurs de minuscules chefs-lieux de cantons, qui ne sont pas forcément du Midi, où les véhicules municipaux exhibent sur leurs flancs : *Ville de X*...

Il arrive au hameau-village breton de se pelotonner autour d'une pittoresque chapelle, souvent classée. Au cœur du bourg se dresse invariablement l'église, souvent classée elle aussi où trône Monsieur le Recteur. L'église a été la plupart du temps la raison d'être, le pôle d'attraction du bourg. C'est à son ombre tutélaire, sous l'impulsion ou l'égide de quelque moine, quelque saint – à la mode celtique –, qu'il s'est peu à peu édifié. Comme ailleurs les maisons se blottissaient à l'abri – laïque – d'un château fort. La toponymie de la Basse-Bretagne est là pour le corroborer avec obstination.

Ploumilliau par exemple, dans les Côtes-d'Armor, célèbre par sa statue de l'*Ankou* (la Mort) est ainsi la paroisse de saint Milliau, prince de Cornouaille, assassiné par son frère au VIe siècle. Quoi ? Pas

suffisant pour le canoniser à Rome ? N'empêche que les Bretons en ont fait un martyr. Et si vous êtes sceptique, le voici encore à Guimiliau (Finistère) avec le préfixe Gui... « cœur de la paroisse ».

Parfois, Plou... se mue en Pleu... : Ploudaniel, la paroisse de saint Daniel, dans le Finistère, devient Pleudaniel, avec le même sens, dans les Côtes-d'Armor. Ce saint Daniel fut un grand bâtisseur, car on le retrouve à Trédaniel (Côtes-d'Armor), à l'origine sorte de succursale ecclésiastique d'un Plou... Ce dernier peut encore se métamorphoser en Plu..., comme dans Pluméliau (Morbihan) ; voire en Plo... : Plomodiern (Finistère).

Edern, également inconnu de l'hagiographie officielle, assurait ses prédications à cerf (ça change du cheval !). Il est ainsi à l'origine de Plouédern, dans le Finistère ; de Lannedern, le « monastère » d'Edern, dans le même département. D'une façon identique, saint Maudan a donné Plumaudan, dans les Côtes-d'Armor, et Lanvaudan, le « monastère » de Maudan, dans le Morbihan.

A défaut de paroisse ou de monastère, pouvait s'ériger une petite chapelle, un ermitage : tel Locquémeau (Côtes-d'Armor), la « chapelle » ou l'« ermitage » de saint Quémeau (encore un saint à la mode de Bretagne) ; saint Ronan, lui, était un authentique moine irlandais du IXe siècle, qui vint essayer de méditer en paix en Armorique, en particulier du côté de Locronan, l'« ermitage » de Ronan, dans le Finistère. Le Christ était naturellement honoré à Lochrist, entre Guéméné-sur-Scorff et Le Faouët (Morbihan). Dans ce département, se trouve un autre Lochrist,

À Saint-Juvat (Côtes-d'Armor), suite de bâtiments datant du milieu du XVIIe siècle jusqu'au début du XIXe.

Cet ex-café de Saint-Renan, non loin de Brest (Finistère), a malheureusement transformé en fenêtre sa porte au linteau richement sculpté et aux pieds-droits cannelés.

au nord-ouest de Plouay ; un troisième à la sortie d'Hennebont et un Inzinzac-Lochrist entre les deux villes.

Si l'on n'avait pas de personnage célèbre, de saint éponyme sous la main, personne ne vous empêchait néanmoins de créer un édifice religieux important, comme Plomeur, cette « Grande Paroisse » du Finistère ; Plœmeur, tout aussi « grande », dans le Morbihan ; Pleumeur, dans les Côtes-d'Armor (si vous lui ajoutez le nom de Bodou, vous ne pourrez nier son rayonnement – profane – actuel). Vous préférez un « grand monastère » ? Voici Lanmeur, à la limite du Finistère. Une grosse succursale paroissiale ? Vous avez Trémeur, dans les Côtes-d'Armor.

Rien ne les empêchait non plus d'aller de pair avec un château, comme à Plougastel (-Daoulas), la « Paroisse du Château » ou Plogastel (-Saint-Germain) toutes deux dans le Finistère, ou Trégastel (Côtes-d'Armor).

Enfin, en l'absence de toute qualité extraordinaire, pouvait-elle simplement se prévaloir, cette paroisse, de la nouveauté de sa création. Telles Pléneuf (-Val-André), Plounévez (-Moédec), et Plounévez (-Quintin), dans les Côtes-d'Armor ; Plonévez (-Porzay), Plonévez (-du-Faou), ou Plounévez (-Lochrist) dans le Finistère...

Itron Maria

Les Bretons ont toujours eu un faible pour Madame Marie, la Mère du Christ. En douteriez-vous ? Voici la chapelle de Locmaria, près de Belle-Isle-en-Terre, dans les Côtes-d'Armor ; Kermaria-Sulard au sud-est de Perros-Guirec. Le Finistère offre, à Quimper, le quartier de Locmaria ; le bourg de Locmaria-Berrien près d'Huelgoat ; Locmaria-Plouzané entre Saint-Renan et Brest ; la chapelle de Locmaria-an-Hent (Notre-Dame-du-Chemin), au sud-est de Saint-Yvi. Le Morbihan non plus n'a pas oublié la Mère de Dieu : voici le hameau de Locmaria, avec sa petite église, à Belle-Ile-en-Mer ; un deuxième entre La Chapelle-Neuve et Camors ; un Locmaria-Grand-Champ, à une dizaine de kilomètres au nord de Vannes ; un Locmaria-Grâce au sud-ouest de Plouay ; Locmariaquer à l'entrée du golfe du Morbihan... Et je me garderais de jurer que la liste soit exhaustive.

Cavalier du Faouët (Morbihan) jetant un coup d'œil sur ce qui semble, en relief dans la pierre, les attributs d'un maréchal-ferrant.

Cimetières d'avant la pollution

Pendant des siècles, l'église a en outre été ceinte du cimetière paroissial. En plein cœur donc du village ou du bourg. A peine, symboliquement séparé des rues, des maisons par une petite murette, qui ne cachait aucun détail des tombes. Le cimetière et ses habitants souterrains continuaient de participer à la vie locale : les tintements du marteau du forgeron sur l'enclume sautillaient avec allégresse parmi les croix aussi bien qu'entre les bancs de la salle de classe ; les dalles de granit, les noms celtiques rugueux baignaient dans le parfum entêtant des pains chauds de la boulangerie ; du haut des innombrables croix, les Christ contemplaient l'édredon ventru qui s'empiffrait d'air pur à une fenêtre... Les morts n'étaient pas, en Bretagne, des êtres effrayants. Ils continuaient de demeurer au milieu de vous, familiers, invisibles, vivants. La paysanne venue au bourg faire ses commissions ; le mari acheter son paquet de *butun* (pardon ! de tabac) ou sa carotte à chiquer, entraient au cimetière dire un petit bonjour aux défunts de la famille, ôtaient un brin d'herbe par-ci, rajustaient des gravillons par-là, demandaient à l'occasion un conseil, une intercession.

Le plus – n'ayons pas peur des mots – pittoresque de ces cimetières (les Monuments historiques ne l'ont-ils pas classé !) demeure sans conteste celui de Saint-Michel-en-Grève, dans les Côtes-d'Armor. Nul doute qu'il eût charmé Paul Valéry. Enserré entre l'église des XVIe-XVIIe siècles et le pignon d'un hôtel – bien du XXe, lui –, il contemple de haut la Lieue-de-Grève et la baie, jusqu'à Locquirec. Aux marées exceptionnelles, les embruns profanes viennent asperger les tombes.

Malheureusement, le nombre de ces naïfs et touchants cimetières de campagne s'amenuise d'une année sur l'autre. Les morts ont tendance à devenir aussi, pour les municipalités bretonnes, des êtres peu fréquentables, des pollueurs. De plus en plus, sous les fallacieux prétextes de manque de place et d'hygiène, elles les claquemurent à une certaine distance des villages. Les tombes ? Invisibles derrière de hauts murs, comme en quelque ghetto.

Au hameau de Locuon en Ploërdut (Morbihan), le cimetière est toujours accolé à la vieille église.

D'hier à demain

Ne sombrons pas dans un pessimisme excessif. Certes, la physionomie des bourgs a généralement bien changé. Leurs périphéries s'affublent désormais de tribus de plus en plus considérables de pavillons. En parpaings de 20 ou 15 (on n'arrête pas le « progrès »), sous leurs légères « fermettes anglaises ». Ils cherchent à compenser leur médiocrité par des crépis et des couleurs tape-à-l'œil. En fin de compte, leur caractéristique la plus bretonne est leur nom : ces constructions exhibent sans vergogne des *Ti Avel*, des *Ker Jannick*… Elles font songer à des filles qui essaient de dissimuler leur santé précaire sous des couches de fard criard. A l'évidence, leur vie sera aussi brève et souffreteuse.

Vieux saints celtiques, merci ! la réglementation actuelle interdit du moins de dresser, en bordure de mer, comme telle actrice de 1920-1925 – que saint Milliau ou sainte Gwenn lui pardonnent ! – une villa avec toit en terrasse, au-dessus duquel plane un grand aigle de ciment. Toutefois, les résidences secondaires néo-bretonnes n'échappent guère, bien qu'à un moindre degré, aux nous-as-tu-vues. Elles se campent sans complexe en face de l'émouvante splendeur du panorama marin. Bellâtres violant le glauque inimitable de l'eau, l'ample chair pulpeuse des baies, avec leurs barbecues où rissolent les merguez estivales.

Quant à la ferme de l'Argoat, ses petits yeux d'autrefois se sont écarquillés en larges fenêtres. Elle se barde désormais – technique oblige – de hangars métalliques, de silos-fusées, de porcheries ou poulaillers géants, de clôtures électriques, de tôle ondulée, de Fibrociment…

Il ne faut pas néanmoins trop se plaindre. La Bretagne reste, malgré tout, peut-être moins défigurée que d'autres régions. Et puis surtout, surtout, symptôme d'espoir, les autochtones comme les étrangers prennent peu à peu conscience – les prix actuels sont là pour en témoigner – de la discrète noblesse, de la beau-

Le presbytère de Ploërdut perdu son recteur, mais pas sa sobre beauté.

té irremplaçable de leurs vieilles demeures, de leur poétique symbiose avec le paysage. Il se passe, dans le domaine architectural, le même phénomène que pour le mobilier rural. Longtemps méprisés des jeunes générations et des citadins, ces lits clos, ces vaisseliers, ces assiettes naïves, ces horloges d'une robustesse et d'une fidélité merveilleuses..., allez donc aujourd'hui consulter leurs prix chez les antiquaires.

Ainsi, des villas – fort coûteuses – s'édifient çà et là, dans le respect de la lenteur et du travail fignolé, l'amour du granit et des vieilles ardoises. Et à peine achevées, on sent les mariages heureux et indéfectibles avec le ciel pommelé, les landes, les bois, les champs, les mers, les rochers, tous les crachins et les vents d'Armorique...

L'administration elle-même – ô miracle ! – s'est mise à protéger, classer des sites, des maisons, des rues entières, comme la Vieille Côte du Yaudet, avec ses maisonnettes de pêcheurs, près de Lannion, dans les Côtes-d'Armor ; le cimetière marin de Saint-Michel-en-Grève... Des villages complets ont été restaurés, tel celui de Lanvaudan, dans le Morbihan.

Jusqu'à l'EDF la laïque, s'il vous plaît, qui, de temps à autre – trop rarement – se trouve piquée par la mouche de la tradition. Par-ci, par-là, elle édifie un transformateur avec porte cintrée en granit, surmontée de la petite niche à saint. Vide de tout locataire bien sûr : il ne faut pas trop lui demander. Du reste, aucun saint, à ma connaissance, ni breton ni romain, n'a jamais parrainé la fée électricité.

Cette ancienne ferme du Yaudet, dans la commune de Ploulec'h (Côtes-d'Armor), a des allures de petit manoir.

Porte en « anse de panier » à l'abbaye de Landévennec (Finistère).

Bibliographie

On est loin de la minceur des ardoises « mécaniques » actuelles, sur ce toit de la Maison Cornec à Saint-Rivoal.

Dans le cadre d'une telle monographie, il était difficile de traiter les détails techniques. Aux amoureux de l'architecture rurale bretonne qui désirent aller au-delà de cette introduction, signalons les ouvrages suivants :

• *Annuaire des dix mille Bretons* (chapitre « L'architecture en Bretagne », par Pierre Lemoine, architecte urbaniste), Presses universitaires de Bretagne, Saint-Brieuc, 1971.

• *Architecture rurale et mobilier au cap Sizun*, Inventaire général des monuments et richesses artistiques, Rennes, 1979.

• Brékilien (Yann), *La Bretagne* (paragraphe « Habitat rural »), PUF, 1980.

• *Bretagne* (chapitre « La maison paysanne », par J.-P. Gestin), Editions Christine Bonneton, Le Puy, 1979.

• Champollion (Hervé), *La Brière*, Editions Ouest-France, Rennes, 1981.

• *Demeures bretonnes d'aujourd'hui*, préface de Yann Brékilien, collaboration de Jean Mével et Pierre Lemoine, architectes, Presses bretonnes, Saint-Brieuc, 1969.

• Gauthier (J. Stany), *La Maison bretonne*, Editions Jos Le Doaré, Châteaulin, 1962.

• Gohel (Louis-Michel), *La Construction de terre en Haute-Bretagne, histoire et techniques*, in « Arts de l'Ouest », 1976.

• Guide touristique de la MAAIF : Bretagne (géographie : la population et l'habitat rural, par Marcel Gautier), 1967.

• Hélias (Pierre Jakez), *Vivre en Cornouaille*, Editions de la Cité, Brest, 1973.

• *Les Maisons rurales en Bretagne*, Editions Skol-Vreizh, Plourin-lès-Morlaix, 1981.

• *Les Mille Visages de la campagne française* (chapitre « La Bretagne »), ouvrage collectif, Sélection du Reader's Digest, 1976.

• *Les Plus Beaux Villages de France*, ouvrage collectif, Sélection du Reader's Digest, réédition de 1981.

• Meirion Jones (Gwynn), *The Vernacular Architecture of Brittany*, John Donald éditeur, Edimbourg, 1983.

• Mussat (André), *Arts et cultures de Bretagne, un millénaire*, Éditions Ouest-France, 1995.

À Porspoder (Finistère), cette cour enclose de murs et de bâtiments à étage indiquait, dès l'origine, la propriété d'un Aotrou, un Monsieur.

• Pacqueteau (François), *Architecture et vie traditionnelle en Bretagne*, Berger-Levrault, 1979.

• Simon (Jean-François), *Tiez, le paysan breton et sa maison : 1. Le Léon*, Editions de l'Estran, Douarnenez, 1982.

• *Styles régionaux* (tome II, chapitre « La Bretagne », par Jacques Dubourg), Editions Illustration, Paris, 1981.

• *Sur les pas de l'histoire en pays de Rance*, Fonds d'intervention culturelle, Quévert, 1982.

• Trochet (M.) et Le Couëdic (Simon), *L'Architecture rurale française : Bretagne*, Berger-Levrault.

Informations pratiques

La Bretagne n'est pas avare de maisons traditionnelles, mais il existe des sites particulièrement privilégiés.

Loire-Atlantique

L'île de Fédrun, au cœur de la Brière, à 10 km au nord de Saint-Nazaire. Capitale du Parc régional. Nombreuses chaumières briéronnes.

Finistère

Bourg de **Locronan**, à 16 km au nord-ouest de Quimper. Célèbre place, avec puits et magnifiques maisons des XVIe et XVIIe siècles. **Moulins de Kérouat**, commune de **Commana** à 26 km au sud-ouest de Morlaix. Écomusée des Monts-d'Arrée. **Rumorvan** et village de **Glizit**, en **Lanildut** à environ 25 km au nord-ouest de Brest. En particulier dans le quartier de Rumorvan, belles demeures de capitaines marchands des XVIIe et XVIIIe siècles.

Morbihan

Hameau de **Poul-Fetan**, commune de **Quistinic**, à 22 km au nord-est d'Hennebont, chaumières morbihannaises typiques. Bourg de **Lanvaudan**, à 12,5 km au nord d'Hennebont. Village de **Saint-Dégan**, commune de Brec'h à environ 5 km au nord d'Auray.

Côtes-d'Armor

Villages de **La Maladrie**, **La Hautière-Rousse** et **La Pommerais**, commune de **Saint-Juvat** à une douzaine de kilomètres au sud de Dinan. Bourg de **Gouarec** à une trentaine de kilomètres au nord-ouest de Pontivy. Bourg « de caractère », avec maisons du XVIIe siècle.

Cette liste ne prétend point être exhaustive. Une documentation beaucoup plus complète pourra être fournie, entre autres, par l'association des « Communes du Patrimoine rural de Bretagne », Rennes District, 12-14, rue du Pré-Botté, à Rennes (tél. 99 79 24 20).

En couverture
Maison à l'entrée d* *bourg de Guimilia* *(Finistère

En vignette
Visière de chaum* *au-dessus d'un* *porte à Kerlin, e* *Trégunc (Finistère

En quatrièm de couverture
Les construction* *bourgeoises auto* *de la pla* *de Locrona* *(Finistère* *mémoire o* *la prospérité toiliè* *du XVIe au XVIIIe siècl

Cartographie AFDEC, Pari

I.S.B.N. : 2.7373.2116.6 - Dépôt légal : juin 1996 - N° d'éditeur : 3443.01.06.06.96
Technic Plus Impression, Betton (35)